LES BONNES MANIÈRES À LA FRANÇAISE

de Rémy Glape

«Le Guide Pratique des Bonnes Manières : À Emporter Partout»

SOMMAIRE

Avant-Propos,
Par Rémy Glape

Avant-Propos,
Par Rémy Glape

Chers lecteurs,

Plonger dans les subtilités des bonnes manières, explorer l'art de la courtoisie et de la gratitude est un voyage fascinant à travers les méandres de la société. Dans cette œuvre dédiée à l'exploration des codes sociaux et des vertus humaines, je vous convie à un périple où se mêlent réflexions, enseignements et célébration des valeurs qui embellissent nos relations humaines.

Les bonnes manières ne sont pas simplement un ensemble de règles figées, mais un art de vivre, un héritage culturel transmis de génération en génération. En explorant ces pages, vous découvrirez comment les principes de respect, de courtoisie et de gratitude peuvent enrichir nos vies, établir des liens plus forts et embrasser une existence empreinte de délicatesse et de considération pour autrui.

À travers ces lignes, j'ai tenté de capturer l'essence intemporelle des bonnes manières et de la gratitude, offrant des perspectives, des réflexions et des anecdotes qui résonneront avec votre expérience personnelle. Car au-delà des règles et des conventions, ces principes sont des fondations essentielles pour une société plus harmonieuse, où la bienveillance et le respect sont les maîtres-mots de nos interactions.

Je vous invite à vous immerger dans ce voyage littéraire, à réfléchir sur ces valeurs souvent sous-estimées mais ô combien essentielles pour le tissu social. Puissent ces lignes vous inspirer, vous encourager et vous inviter à embrasser l'élégance des relations humaines dans votre quotidien.

Avec mes salutations les plus cordiales,
Rémy Glape

Introduction

RÉMY GLAPE

Les Bonnes Manières à la Française, Art de Vivre et Héritage Culturel

Dans l'ombre discrète de la Tour Eiffel, au cœur des ruelles pavées de Paris, se cachent des trésors intangibles, des joyaux subtils qui transcendent le temps et imprègnent l'âme de la société française : les bonnes manières. Bien plus qu'un ensemble de règles protocolaires, les bonnes manières à la française sont un art de vivre, un héritage culturel millénaire, un phare éclairant les interactions humaines de leur lueur raffinée.

Les bonnes manières, ces codes sociaux et comportementaux, sont comme des filigranes tissées dans la trame de la société française, influençant les gestes, les paroles, les rituels du quotidien. Elles sont la délicatesse dans le geste, la courtoisie dans la parole, la noblesse dans l'attitude, et l'élégance dans chaque interaction, même la plus anodine.

Au-delà de leur caractère apparemment formel, les bonnes manières à la française sont un hommage à l'harmonie sociale, une reconnaissance de l'autre, une marque de respect envers soi-même et envers ceux qui nous entourent. Elles s'inscrivent dans la mémoire collective, reflétant l'histoire et les traditions d'une nation marquée par la grâce et le savoir-vivre.

L'essence des bonnes manières à la française réside dans cette subtile alchimie entre tradition et modernité, entre héritage culturel et adaptation aux évolutions sociétales. Elles sont le reflet d'une société en constante évolution, où les valeurs traditionnelles se conjuguent harmonieusement avec les défis du monde contemporain.

Pourtant, leur signification transcende les frontières géographiques. Les bonnes manières à la française ne sont pas simplement l'apanage d'un lieu géographique défini, mais elles représentent un idéal universel d'élégance et de respect, une source d'inspiration pour ceux en quête d'une vie empreinte de délicatesse et de raffinement.

À travers les siècles, les bonnes manières ont évolué, se sont adaptées aux mutations sociétales et ont embrassé de nouveaux défis. Elles sont le reflet d'une France en perpétuelle réinvention, où la tradition se mêle habilement à l'innovation, où le respect du passé s'accorde avec une ouverture au futur.

En explorant les subtilités des bonnes manières à la française, nous plongeons dans un univers riche de sens, où chaque geste, chaque mot est imprégné de significations profondes. C'est un héritage culturel vivant, une danse de courtoisie, une mélodie de respect, un tableau de délicatesse où se dessine la quintessence de l'art de vivre à la française.

Ainsi, cette exploration des bonnes manières à la française sera un périple à travers les époques, un voyage à travers les valeurs, les traditions et les évolutions qui ont façonné cet art de vivre singulier. Ce sera une plongée dans l'élégance intemporelle, un éveil à la subtilité des codes sociaux et un hommage à une tradition profondément ancrée dans le cœur même de la société française.

CHAPITRE I

L'ART DE LA PRÉSENTATION

Dans l'immense théâtre de la vie, les rideaux s'ouvrent souvent sur des premières impressions. L'art de se présenter, véritable ballet subtil, révèle une danse envoûtante entre les gestes, les mots et cette aura indéfinissable qui fait naître les jugements.

Imaginez-vous, vêtu de vos plus beaux atours, debout à la lisière d'un monde qui vous attend, impatient de découvrir qui vous êtes. Ces instants éphémères où l'observation est reine, où chaque sourire, chaque poignée de main, chaque regard, dessine les contours de l'image que l'on projette.

Les bonnes manières françaises débutent ici, dans cet art délicat de la présentation de soi. Ce n'est pas simplement l'éloquence des mots ou l'éclat d'un habit bien ajusté, mais une chorégraphie subtile où se mêlent respect, grâce et intelligence sociale.

L'habit, ce compagnon de chaque instant, devient alors le premier acteur de cette scène. La simplicité élégante d'une tenue bien choisie, les nuances subtiles qui révèlent sans dévoiler, expriment bien plus que des textiles cousus ensemble. C'est un langage silencieux qui murmure l'estime de soi et le respect envers les autres.

Mais au-delà de l'apparence extérieure, se trouve l'attitude, cette posture invisible qui parle plus fort que les discours. La confiance calme d'un regard, la grâce fluide d'un geste, la justesse d'un sourire ; ces éléments tissent la trame de cette présentation de soi, véritable tableau éphémère que l'on offre aux regards du monde.

La première impression, éphémère et pourtant indélébile, sculpte les premières lignes de nos interactions futures. Elle est la carte d'entrée dans ce monde social où les codes, souvent tacites, exigent cette maîtrise des gestes et des mots, ce savant équilibre entre assurance et modestie.

Il s'agit là d'un véritable apprentissage, une danse où l'on tâtonne parfois, où l'on se corrige, où chaque faux pas est une leçon précieuse. Car au cœur des bonnes manières françaises, se trouve cette volonté de transcender les convenances pour créer des ponts entre les cœurs, entre les esprits.

Ainsi se dessine le premier acte de ce vaste spectacle des bonnes manières à la française. Un acte où la présentation de soi devient l'ouverture gracieuse vers des interactions empreintes de respect, de courtoisie et d'une touche indéniable de cet art si subtil : celui de vivre ensemble.

Chapitre II

L'ART DE LA PRÉSENTATION : LES PREMIÈRES IMPRESSIONS ET L'IMPORTANCE DE LA PRÉSENTATION DE SOI

Au sein du vaste univers de nos existences, les premières impressions se tiennent en maîtres de cérémonie. Elles inaugurent le bal des relations humaines, elles écrivent en filigrane les prémices de nos interactions à venir. Ce sont ces premières notes de musique, ces premières touches de couleur qui, en un instant fugace, esquissent le portrait de qui nous sommes.

Les premières impressions sont ces maîtres du silence, sculpteurs habiles de jugements furtifs, se faufilant entre les interstices du temps. Elles se révèlent au détour d'un sourire sincère, d'une poignée de main ferme ou d'un regard franc. Leur pouvoir est tel qu'elles peuvent tisser des liens ou ériger des barrières en un battement de cils.

La présentation de soi est la toile blanche sur laquelle s'exprime notre essence. Elle transcende le simple jeu des apparences pour révéler cette harmonie subtile entre ce que nous sommes et ce que nous montrons. Ce n'est pas une mascarade, mais une forme d'art où la vérité se pare d'une élégance bienveillante.

L'importance de cette présentation transcende les siècles et les cultures. Dans les salons feutrés du passé comme dans les arcanes du monde moderne, les premières impressions restent des figures cardinales, des guides précieux pour ceux qui aspirent à la finesse des rapports humains.

Pourtant, sous cet écrin apparent de conventions, demeure la véritable essence des bonnes manières à la française : une forme de respect. Respect envers soi-même, d'abord, car se présenter avec grâce et authenticité est un hommage à sa propre personne. Respect envers autrui, ensuite, car chaque présentation est un acte de communication, un langage muet qui invite à l'échange.

La présentation de soi ne se limite pas à une simple poignée de main ou à une tenue vestimentaire étudiée. Elle transcende ces gestes pour devenir une attitude, une harmonie entre le paraître et l'être. C'est la douce mélodie d'une conversation bienveillante, la chaleur d'un accueil attentionné, la bienveillance d'un regard posé.

En ces lignes, nous amorçons un voyage où chaque pas compte. Apprendre à se présenter n'est pas seulement un acte de courtoisie, mais un art à part entière. Un art dont les couleurs se mêlent dans l'éclat des premières rencontres, tissant les fils invisibles qui lient les destinées humaines. Et c'est dans cette symphonie silencieuse que se révèle toute la magnificence des bonnes manières à la française.

CHAPITRE III

LE SAVOIR-VIVRE
À TABLE

Les festins et les banquets ont toujours été le théâtre d'une danse élégante entre la tradition et la convivialité. Le savoir-vivre à table, véritable ballet orchestré par des règles millénaires, transcende la simple action de se nourrir pour devenir une véritable célébration de l'art de vivre.

La table, ce lieu de partage où se mêlent plaisirs gustatifs et échanges subtils, est bien plus qu'un simple endroit où l'on se restaure. C'est le miroir de la civilisation, le reflet des coutumes et des traditions, où chaque couvert est une note de musique dans cette symphonie culinaire.

Les bonnes manières à la française s'invitent à cette tablée comme un rituel ancestral. Elles se découvrent dans l'art de se tenir, dans la délicatesse des gestes, dans le respect des convives. La table est une scène où se jouent des rôles précis : celui du convive attentif, celui de l'hôte bienveillant, celui du maître de maison accompli.

Les couverts, ces instruments délicats, ne sont pas de simples outils pour s'approvisionner en mets délicieux. Ils sont des extensions de nos mains, des guides discrets dans la danse des saveurs. Leur usage précis révèle la maîtrise, le savoir-faire d'une personne imprégnée des codes ancestraux du savoir-vivre.

Mais au-delà de l'étiquette stricte, la table est le creuset des échanges, des rires partagés et des histoires contées. C'est un sanctuaire où naissent les liens, où se renforcent les amitiés. Le repas devient alors une célébration, une ode à la générosité et à l'art de recevoir.

Le savoir-vivre à table ne se résume pas à des règles rigides. Il s'agit, avant tout, d'une attitude empreinte de respect envers les autres convives, d'une reconnaissance des mets et du travail qui les a façonnés. C'est une communion entre les plaisirs du palais et ceux de l'âme, une alchimie où se mêlent le savoir-faire et le savoir-être.

En ces lignes, nous effleurons à peine la surface d'un océan de traditions et de subtilités. Le savoir-vivre à table est une invitation à la découverte, une porte ouverte sur un monde riche en nuances et en délicatesses. Car c'est à travers ces moments partagés autour d'une table que se révèlent la quintessence et l'élégance des bonnes manières à la française.

CHAPITRE IV

LA POLITESSE ET LE RESPECT

Dans cette valse incessante des interactions humaines, la politesse se dresse tel un phare, éclairant le chemin vers des échanges empreints de respect et de bienveillance. C'est cette délicate attention portée à l'autre, cette courtoisie sincère qui transcende les barrières et tisse les fils d'une société harmonieuse.

La politesse, loin d'être une simple façade, est le reflet d'une éducation, le fruit d'une conscience éveillée aux émotions et aux besoins des autres. Elle se découvre dans les mots échangés, dans les gestes empreints de délicatesse, dans cette douceur qui pare chaque interaction.

Le respect, socle fondamental des bonnes manières à la française, se niche au cœur de chaque geste poli. C'est reconnaître la valeur de l'autre, accepter ses différences et traiter chacun avec la dignité qu'il mérite. C'est un langage universel, parlé par le sourire d'un inconnu, par le geste attentionné d'un proche.

La politesse ne se limite pas à de simples formules de politesse, mais émerge d'une empathie véritable, d'une volonté profonde de créer un environnement propice aux échanges harmonieux. Elle se révèle dans le respect du temps d'autrui, dans la considération accordée à chaque individu, dans la capacité à écouter avec attention.

Mais la politesse et le respect vont bien au-delà des règles établies. Ils sont le ciment d'une société où la bienveillance est reine, où l'écoute et la compréhension sont des vertus précieuses. Ils tracent le chemin vers une coexistence pacifique, un équilibre fragile mais essentiel entre les êtres.

En ces mots, nous effleurons à peine la surface d'un océan de valeurs. La politesse et le respect sont des piliers fondateurs, des alliés précieux dans la quête d'harmonie sociale. Car c'est dans cette reconnaissance mutuelle, dans cette bienveillance partagée, que s'épanouissent les plus belles fleurs des bonnes manières à la française.

CHAPITRE V

LA COMMUNICATION VERBALE ET NON VERBALE

Au cœur de chaque échange réside un langage subtil, tissé non seulement de mots, mais aussi de gestes, de regards et de tonalités. La communication, cette symphonie complexe entre le verbal et le non verbal, est le pilier fondamental des interactions humaines, une danse où chaque mouvement est une note, chaque silence une pause musicale.

Les mots, ces fragments d'idées et d'émotions, sont les outils de cette danse, les pinceaux d'une œuvre à plusieurs dimensions. Leur choix, leur agencement, leur intonation, sont autant de teintes sur la palette d'une conversation. Les mots expriment, mais parfois, ils voilent aussi, cachant derrière leur éclat une myriade de significations.

Pourtant, la communication ne se cantonne pas à ce que les mots disent. Elle se découvre également dans ce que les silences murmurent, dans les expressions fugaces qui éclairent les visages, dans cette gestuelle qui accompagne et enrichit chaque conversation. Le non verbal, cette danse gracieuse des mains, des yeux, du corps, est un langage universel, compris bien au-delà des frontières linguistiques.

Savoir communiquer, c'est accorder une juste place aux mots et à leurs silencieuses compagnes. C'est écouter avec les oreilles, mais aussi avec les yeux, percevoir les nuances d'une conversation au-delà des discours. C'est cette aptitude à décrypter les émotions dissimulées derrière un sourire, à saisir la détresse derrière un silence.

La communication est un art délicat, une danse où l'écoute active et l'empathie sont les partenaires privilégiés. Elle se nourrit de cette capacité à comprendre avant de juger, à exprimer clairement avant de s'offusquer. C'est un jeu d'équilibre entre l'affirmation de soi et la considération pour autrui, entre la justesse des mots et la sincérité des émotions.

En ces lignes, nous effleurons à peine la surface d'un univers infiniment vaste. La communication, ce dialogue entre les âmes, est une exploration perpétuelle, une quête vers la compréhension mutuelle. Car c'est dans cette danse harmonieuse entre le verbal et le non verbal que se révèle toute la richesse des bonnes manières à la française.

CHAPITRE VI

LA COURTOISIE DANS LES INTERACTIONS SOCIALES

Dans le théâtre en perpétuel mouvement de nos vies, la courtoisie se dresse tel un art, tissant des liens invisibles entre les acteurs de cette grande pièce. Elle est cette douce mélodie qui accompagne chaque rencontre, cette attention délicate qui éclaire chaque échange.

La courtoisie transcende les frontières des statuts sociaux et des origines. Elle se découvre dans la bienveillance des gestes, dans la générosité des paroles, dans cette attitude respectueuse envers chaque individu. C'est une manière de reconnaître l'autre dans sa singularité, de lui offrir le trésor de l'égard et de l'attention.

Elle s'épanouit dans cette capacité à être à l'écoute, à comprendre les subtilités des codes sociaux sans jamais perdre de vue l'essence même de la relation humaine. La courtoisie n'est pas une simple étiquette, mais un état d'esprit empreint de respect mutuel.

Elle s'exprime dans les petites attentions du quotidien : un sourire sincère, un geste aimable, une parole empreinte de gentillesse. La courtoisie est cette fleur délicate qui égaie les journées grises, qui réchauffe les cœurs et qui crée des souvenirs lumineux.

Mais au-delà des rituels, la courtoisie est une manière de vivre. Elle se niche au creux de chaque interaction, de chaque échange, et colore les relations d'une teinte chaleureuse. Elle transcende les barrières linguistiques et culturelles, érigeant des ponts entre les êtres, là où d'autres construisent des murs.

En ces lignes, nous effleurons à peine la surface d'un océan de politesse et d'égards. La courtoisie, cet art intemporel, est un fil d'Ariane dans le dédale des relations humaines. Car c'est dans cette bienveillance partagée, cette délicatesse infinie, que s'épanouissent les plus belles fleurs des bonnes manières à la française.

CHAPITRE VII

LA PONCTUALITÉ

Dans la chorégraphie précise de nos vies, la ponctualité se révèle comme une vertu qui transcende le simple respect des horaires pour devenir une marque de considération envers autrui. Elle est cette promesse tacite, cette attention à l'autre en honorant le temps qui nous lie.

La ponctualité, loin d'être une simple convention sociale, est un témoignage de respect envers les engagements pris. Elle est cette promesse tacite, ce pacte de fiabilité et d'attention envers ceux qui partagent un moment de leur existence avec nous.

Elle reflète la volonté de respecter non seulement son propre temps, mais également celui des autres. Car chaque minute qui s'écoule sans égard peut être perçue comme une marque d'indifférence envers ceux qui nous attendent.

La ponctualité, au-delà de la rigueur des horloges, est un signe de considération envers autrui. C'est cette reconnaissance implicite de l'importance de chaque minute partagée, cette attention à ne pas gaspiller le bien le plus précieux et le plus fugace : le temps.

Elle est également le gage d'une certaine discipline personnelle, d'une organisation réfléchie qui témoigne d'un respect envers ses propres engagements. Elle montre une capacité à honorer ses promesses et à maintenir l'équilibre dans un monde où les horaires tissent la trame de nos existences.

Pourtant, la ponctualité est bien plus qu'une simple arrivée à l'heure. Elle est une marque de respect envers soi-même et envers autrui, un maillon essentiel dans la chaîne de relations humaines. Car c'est dans cet effort commun pour respecter les horaires, dans cette considération pour le temps de chacun, que s'ancre la noblesse des bonnes manières à la française.

CHAPITRE VIII

LES CODES VESTIMENTAIRES

Au cœur du vaste paysage de nos vies sociale, nos habits ne sont pas simplement des étoffes, mais des symboles parlants, des messagers silencieux de notre personnalité et de notre respect envers les codes établis. Les codes vestimentaires, ces règles tacites, sont bien plus qu'une simple parure : ils sont une forme d'expression, une langue muette qui raconte notre histoire sans prononcer un mot.

Chaque tenue est une déclaration, une partition où se mêlent couleur, coupe et style. Elle est un langage à part entière, exprimant nos valeurs, nos aspirations, nos humeurs du moment. Les codes vestimentaires sont ces gardiens des apparences, ces filtres qui tamisent l'image que nous projetons.

Pourtant, au-delà de l'esthétique, les codes vestimentaires sont aussi des marqueurs sociaux, des clés pour ouvrir les portes de certains cercles, pour se fondre dans certains univers. Ils sont ces étiquettes invisibles qui dictent parfois les règles du jeu dans la danse des relations humaines.

L'art de se vêtir réside également dans la capacité à s'adapter aux circonstances, à choisir avec discernement la tenue qui convient à chaque occasion. C'est cette intelligence de l'apparence qui témoigne d'une conscience aiguisée des attentes sociales et qui traduit le respect envers les personnes que l'on rencontre.

Mais au-delà des règles rigides, les codes

vestimentaires sont un terrain fertile pour l'expression de soi. Ils sont une toile blanche sur laquelle chaque individu peut esquisser son propre tableau, mêlant tradition et innovation, élégance et singularité.

En ces mots, nous griffonnons à peine le début d'une histoire infiniment vaste. Les codes vestimentaires, ces guides subtils de notre apparence, sont un reflet de notre respect pour les normes sociales, pour l'autre, mais aussi pour notre propre identité. Car c'est dans cette alchimie délicate entre tradition et créativité que se dessine la palette des bonnes manières à la française.

CHAPITRE IX

LES BONNES MANIÈRES AU TRAVAIL

Au sein du monde professionnel, les bonnes manières transcendent le simple savoir-faire pour devenir le socle d'interactions harmonieuses et fructueuses. Elles sont cet équilibre délicat entre compétence technique et savoir-être, entre l'efficacité des actions et la qualité des relations humaines.

Les bonnes manières au travail s'expriment dans cette capacité à collaborer avec respect et considération pour les autres. Elles se révèlent dans la courtoisie des échanges, dans la reconnaissance des efforts de chacun et dans la valorisation des compétences de l'équipe.

Elles sont également une marque de reconnaissance envers les valeurs de l'entreprise, le respect de ses règles et de sa culture. Elles sont le reflet de cette conscience professionnelle qui guide chaque action, chaque décision, et qui s'ancre dans le respect des normes éthiques et sociales.

Savoir travailler en équipe, respecter les délais, écouter activement, exprimer ses idées avec diplomatie et savoir recevoir et donner du feedback constructif sont autant de facettes des bonnes manières au travail. Elles contribuent à la création d'un environnement professionnel sain et productif.

Cependant, au-delà des exigences formelles, les bonnes manières au travail sont également une question d'empathie et de solidarité. Elles se manifestent dans cette volonté d'apporter son soutien à ses collègues en difficulté, dans le partage des connaissances et des expériences pour le bien-être collectif.

En ces lignes, nous effleurons à peine la surface d'un monde complexe et en perpétuelle évolution. Les bonnes manières au travail sont un art en constante réinvention, une danse où se mêlent savoir-faire et savoir-être, où la performance côtoie la bienveillance. Car c'est dans cette harmonie entre compétence professionnelle et humanité que se dessinent les contours des bonnes manières à la française au sein du monde du travail.

CHAPITRE X

LA GALANTERIE ET LE RESPECT DES FEMMES

La galanterie, ce noble art, est bien plus qu'une simple courtoisie envers la gente féminine : c'est un hommage rendu à la féminité, une marque de respect envers l'autre moitié de l'humanité. Elle est cette délicatesse dans le comportement, cette attention particulière qui honore et célèbre la présence des femmes dans nos vies.

La galanterie n'est pas une pratique démodée, mais une tradition qui traverse le temps, s'adaptant aux évolutions sociales tout en préservant son essence. Elle se découvre dans ces gestes empreints de délicatesse, dans cette prévenance qui reconnaît la valeur et la force des femmes.

Elle se révèle également dans la volonté de créer un environnement où les femmes se sentent respectées, écoutées et soutenues. La galanterie s'exprime dans le respect mutuel, dans la reconnaissance des compétences, des talents et des aspirations de chacune.

Pourtant, la galanterie ne doit pas être perçue comme une condescendance, mais comme un acte de reconnaissance des différences, une manière de mettre en lumière la complémentarité et la diversité des genres.

Elle s'ancre dans cette volonté d'établir des relations égalitaires, où la galanterie ne s'oppose pas à l'égalité des droits, mais la complète en offrant une forme d'attention spécifique, empreinte de respect et d'admiration.

En ces mots, nous effleurons à peine la surface d'une mer de nuances et de subtilités. La galanterie, cette marque de respect et d'attention envers les femmes, est un art à part entière, une façon élégante d'honorer la présence féminine dans nos vies. Car c'est dans cette délicatesse, cette reconnaissance et cette célébration de la féminité que se dessinent les contours de la galanterie à la française.

CHAPITRE XI

LES RÈGLES DE POLITESSE DANS LES ESPACES PUBLICS

Dans le vaste théâtre de la vie urbaine, les règles de politesse dans les espaces publics sont les guides discrets qui assurent l'harmonie des interactions entre les individus. Elles sont ces codes silencieux, ces normes non écrites qui dessinent les contours d'une cohabitation respectueuse et agréable.

Les espaces publics, lieux de rencontres fortuits ou planifiées, sont le terrain de jeu des règles sociales. La politesse dans ces espaces se révèle dans le respect des règles élémentaires de civilité, dans la considération pour les autres usagers de ces lieux de vie commune.

Elle se manifeste dans la bienveillance à l'égard des plus vulnérables, dans le respect des files d'attente, dans la courtoisie lors des déplacements. Les règles de politesse dans les espaces publics sont un langage universel, une invitation à la coexistence harmonieuse, où chaque geste compte, où chaque interaction est une occasion de respect mutuel.

Pourtant, au-delà des comportements individuels, la politesse dans les espaces publics est également une responsabilité collective. Elle est le fruit de la sensibilisation et de l'éducation, d'une culture du respect enseignée dès le plus jeune âge, et entretenue par une volonté commune de vivre ensemble dans le respect de l'autre.

Elle se décline également dans cette capacité à partager l'espace commun avec considération, à veiller au bien-être collectif en prenant soin de préserver la propreté, l'ordre et la sécurité.

En ces lignes, nous survolons à peine la surface d'une philosophie de vie en société. Les règles de politesse dans les espaces publics sont un pilier essentiel pour une cohabitation pacifique et harmonieuse. Car c'est dans cette attention discrète, cette courtoisie partagée, que s'épanouissent les plus belles harmonies des bonnes manières à la française dans les lieux communs.

CHAPITRE XII

L'ART DE LA CONVERSATION

Dans le ballet infini des interactions humaines, l'art de la conversation se révèle comme un joyau étincelant, une danse envoûtante où les mots sont les pas et les idées, les notes. C'est une symphonie d'échanges, une invitation au partage et à la découverte, où chaque voix apporte sa mélodie à l'orchestre des pensées.

La conversation est bien plus qu'un simple échange de paroles : c'est une rencontre, une exploration des horizons de l'autre. Elle se découvre dans cette capacité à écouter avec attention, à exprimer ses idées avec clarté et à encourager les échanges enrichissants.

L'art de la conversation ne réside pas seulement dans le choix des mots, mais aussi dans l'art subtil de la nuance, de la considération pour les opinions divergentes. C'est cette alchimie entre l'expression de soi et la valorisation des points de vue de chacun.

Elle est également une forme d'élégance, une manière d'éviter les sujets qui fâchent, de faire preuve de discernement dans ses propos. Elle se manifeste dans cette capacité à créer un espace où chacun se sent libre d'exprimer ses idées sans craindre le jugement.

La conversation est une danse fluide où

s'entremêlent anecdotes, réflexions profondes, rires et moments de sérieux. Elle est une aventure, un voyage où se croisent les pensées, où se confrontent les idées, où naissent parfois de nouvelles perspectives.

En ces mots, nous effleurons à peine la surface d'un océan de dialogues. L'art de la conversation est une exploration sans fin, une quête perpétuelle vers la compréhension mutuelle. Car c'est dans cette symphonie de paroles et de silences, dans cette harmonie entre expression individuelle et respect de l'autre, que se dessine l'élégance des bonnes manières à la française dans l'art de converser.

CHAPITRE XIII

L'HOSPITALITÉ ET L'ART DE RECEVOIR

L'hospitalité, cette vertu ancestrale, est bien plus qu'une simple tradition : c'est un hymne à l'accueil, une célébration de la générosité et du partage. Elle est cette capacité à ouvrir grand les portes de son foyer, à offrir à autrui un espace chaleureux où se tissent des liens durables.

L'art de recevoir se découvre dans la prévenance, dans l'attention portée aux détails, dans cette volonté sincère de faire de chaque invitation un moment privilégié. C'est offrir à ses convives bien plus qu'un repas ou un abri : c'est leur offrir une expérience, un souvenir mémorable.

L'hospitalité est une marque de respect envers ses invités, une reconnaissance de leur importance dans nos vies. Elle se révèle dans cette convivialité qui émane de chaque geste, de chaque sourire, de chaque moment passé ensemble.

Elle s'exprime également dans la capacité à créer une atmosphère agréable et détendue, où chacun se sent à l'aise et bienvenu. L'art de recevoir réside dans cette harmonie entre l'organisation impeccable et la spontanéité bienveillante, entre le raffinement et la simplicité.

Pourtant, au-delà de la mise en scène, l'hospitalité est une question de cœur. Elle est cette volonté sincère de partager, de faire plaisir, de créer des souvenirs mémorables pour ses invités.

En ces lignes, nous effleurons à peine la surface d'une tradition millénaire. L'hospitalité, cet art de recevoir avec générosité et bienveillance, est un trait caractéristique des bonnes manières à la française. Car c'est dans cette capacité à ouvrir son cœur et ses portes, à offrir un peu de son âme à ses convives, que se dessine la grandeur de l'hospitalité à la française.

CHAPITRE XIV

LA GRATITUDE ET LES REMERCIEMENTS

La gratitude, telle une perle rare au sein des interactions humaines, transcende les simples notions de politesse pour se transformer en un élan profond de reconnaissance. Elle est cette qualité subtile qui transforme les instants ordinaires en moments précieux, qui insuffle une teinte lumineuse dans les relations humaines.

Les remerciements, bien plus qu'une simple formule protocolaire, sont les maillons délicats qui entretiennent les liens sociaux. Ils sont la manifestation concrète de la gratitude, une manière d'exprimer sa reconnaissance envers ceux qui enrichissent notre existence, qui colorent nos journées de leur présence ou de leurs actions bienveillantes.

La gratitude est une vertu à multiples facettes, elle se découvre dans cette capacité à reconnaître les gestes, les attentions, les sacrifices faits en notre faveur. Elle va bien au-delà d'une simple politesse pour devenir un état d'esprit, une manière de vivre empreinte de reconnaissance et d'appréciation.

Elle s'exprime également dans la générosité des gestes, dans le désir de rendre à autrui la gentillesse et la bienveillance dont on a été l'objet. Les remerciements deviennent ainsi un cycle vertueux de gratitude et de générosité, créant un tissu solide de relations empreintes de respect mutuel.

Pourtant, la gratitude dépasse les conventions sociales. Elle incarne une humble reconnaissance envers la vie elle-même, une ouverture du cœur à la beauté des petits instants, à la richesse des présents que la vie nous offre au quotidien.

Dans sa forme la plus profonde, la gratitude devient une philosophie de vie. Elle nous apprend à savourer chaque moment, à reconnaître la valeur des expériences qui croisent notre chemin, à exprimer notre reconnaissance non seulement par des mots, mais par nos actes et notre présence bienveillante.

En ces lignes, nous effleurons à peine la surface d'un océan de gratitude. La gratitude, cette vertu aux reflets multiples, est une pièce maîtresse des relations humaines. Elle offre un regard plus lumineux sur la vie, renforce les liens sociaux et contribue à la création d'un monde où la reconnaissance devient une monnaie d'échange précieuse, où les gestes de gratitude tissent des liens indéfectibles entre les individus.

CHAPITRE XV

LES RÈGLES DE SAVOIR-VIVRE EN SOCIÉTÉ

Au sein de la trame complexe de la société, se dévoilent des lignes directrices subtiles, des repères tacites qui guident nos interactions sociales : les règles de savoir-vivre. Elles sont les fondations discrètes sur lesquelles se construisent les relations humaines harmonieuses, les piliers d'une cohabitation respectueuse et équilibrée.

Les règles de savoir-vivre en société transcendent les frontières culturelles, elles sont ce langage universel de respect, de considération et de courtoisie envers nos semblables. Elles s'incarnent dans la manière dont nous interagissons avec autrui, dans la manière dont nous préservons la quiétude et l'harmonie collective.

Elles se révèlent dans la bienveillance, dans l'attention portée aux autres et dans le respect de leur espace personnel. Les règles de savoir-vivre en société sont une manière d'honorer la diversité des individus, de reconnaître leurs différences et de cultiver un espace où chacun se sent respecté et accepté.

Les règles de savoir-vivre en société sont également le témoignage d'une éducation, d'une sensibilité à l'autre et à son environnement. Elles sont une invitation à la politesse, à la courtoisie et à la considération envers les personnes qui nous entourent, qu'elles soient connues ou inconnues.

Elles sont un rappel de l'importance de la tolérance, de l'écoute active et du respect des opinions divergentes. Les règles de savoir-vivre en société sont le reflet d'une société qui valorise la diversité des perspectives, qui encourage l'échange d'idées dans le respect mutuel.

Pourtant, au-delà des conventions sociales, les règles de savoir-vivre en société sont une philosophie de vie. Elles sont une manière de cultiver des relations saines et harmonieuses, de construire un environnement où chacun se sent accepté et respecté pour ce qu'il est.

En ces lignes, nous effleurons à peine la surface d'un océan de comportements et de normes. Les règles de savoir-vivre en société sont une boussole dans le dédale des interactions humaines, une manière d'œuvrer ensemble vers un monde où la considération pour autrui est une valeur cardinale.

CHAPITRE XVI

L'ÉDUCATION ET LES BONNES MANIÈRES

L'éducation, pilier fondamental de la transmission des valeurs et des bonnes manières, est bien plus qu'une simple acquisition de connaissances académiques. Elle est le terreau fertile où se cultivent le respect, la politesse, la générosité et toutes ces qualités qui forgent un individu accompli.

L'éducation aux bonnes manières ne se limite pas aux règles de bienséance, mais embrasse l'ensemble des comportements qui favorisent des interactions harmonieuses. C'est un processus d'apprentissage qui s'enracine dans le foyer, se poursuit à l'école et se consolide dans la société.

Elle se découvre dans la transmission des valeurs fondamentales telles que le respect, la tolérance, la bienveillance et l'empathie. C'est un enseignement qui dépasse le cadre académique pour façonner des individus capables de vivre en harmonie au sein d'une société diverse.

L'éducation aux bonnes manières est également un apprentissage du vivre-ensemble, un enseignement qui invite à la compréhension des différences, à la reconnaissance de la diversité culturelle et à l'acceptation de l'autre dans sa singularité.

Pourtant, au-delà des enseignements formels,

l'éducation aux bonnes manières repose également sur l'exemple et l'imitation. C'est par l'observation des comportements des adultes et par la pratique quotidienne que se construit l'édifice des bonnes manières chez les plus jeunes.

En ces mots, nous effleurons à peine la surface d'un processus d'apprentissage infiniment vaste. L'éducation aux bonnes manières est un héritage précieux, un legs que chaque génération transmet pour construire un monde où le respect et la considération pour autrui sont des valeurs cardinales.

CHAPITRE XVII

LES BONNES MANIÈRES EN VOYAGE

Voyager est bien plus qu'une simple découverte de nouveaux horizons, c'est une immersion dans des cultures différentes, un témoignage de respect envers d'autres modes de vie. Les bonnes manières en voyage sont les clés qui ouvrent les portes des interactions respectueuses et enrichissantes avec des cultures variées.

Elles se révèlent dans cette capacité à respecter les coutumes locales, à s'adapter aux normes sociales et à faire preuve de sensibilité culturelle. Les bonnes manières en voyage sont une marque de respect envers le patrimoine et les traditions des lieux visités.

Elles s'expriment également dans la modestie, la curiosité et l'ouverture d'esprit face à la diversité culturelle. C'est une manière d'explorer le monde avec considération, en valorisant la richesse des différences.

Les bonnes manières en voyage sont également une manière de représenter dignement sa propre culture, en étant un ambassadeur de respect et de bienveillance. Elles sont un pont entre les cultures, une invitation à la rencontre et à la compréhension mutuelle.

Pourtant, au-delà des comportements individuels, les bonnes manières en voyage sont une responsabilité collective. Elles sont le fruit de la sensibilisation et de l'éducation à la diversité culturelle, d'une volonté de s'enrichir des différences plutôt que de les rejeter.

En ces mots, nous effleurons à peine la surface d'une philosophie du voyage respectueuse et enrichissante. Les bonnes manières en voyage sont une porte ouverte vers des expériences authentiques, une manière de découvrir le monde tout en respectant et en honorant ses multiples facettes culturelles.

CHAPITRE XVIII

LES BONNES MANIÈRES DANS L'ÈRE NUMÉRIQUE

Dans la symphonie constante des avancées technologiques et de la connectivité mondiale, un nouveau paysage s'est dessiné : celui de la vie numérique. Dans cet espace virtuel en perpétuelle expansion, les bonnes manières ont trouvé de nouveaux terrains où s'épanouir, où se transposer dans un univers immatériel, mais tout aussi crucial pour nos interactions quotidiennes.

Les bonnes manières dans l'ère numérique ne sont pas de simples règles à suivre, mais un ensemble de principes éthiques, une courtoisie digitale qui guide nos comportements dans le monde en ligne. Elles sont le reflet de notre humanité dans un environnement fait de bits et de pixels.

Elles se manifestent dans la prudence et le discernement, dans la manière dont nous utilisons les réseaux sociaux pour partager nos pensées, nos émotions et nos idées. Les bonnes manières numériques sont une invitation à être attentif à nos interactions en ligne, à être conscients de l'impact de nos mots et de nos actions sur autrui.

Les bonnes manières dans l'ère numérique sont également une question de respect de la vie privée, une sensibilisation à la sécurité en ligne et à la gestion prudente de nos informations personnelles. Elles sont une protection de notre intégrité dans cet univers où la frontière entre public et privé tend à s'estomper.

Elles s'expriment également dans la bienveillance et la civilité lors des échanges en ligne. Les bonnes manières numériques nous rappellent que derrière chaque écran se trouve un être humain, avec ses émotions, ses opinions et sa sensibilité.

Pourtant, au-delà des comportements individuels, les bonnes manières dans l'ère numérique appellent à une responsabilité collective. Elles sont le fruit d'une sensibilisation à l'éthique en ligne, d'une éducation à l'utilisation responsable des technologies et d'une volonté de maintenir la courtoisie et le respect même dans cet espace virtuel.

Elles sont également une manière d'intégrer les valeurs traditionnelles des bonnes manières dans un monde numérique en constante évolution. Les principes de respect, de politesse et de considération pour autrui demeurent des piliers fondamentaux, même dans cet univers virtuel.

En ces temps où nos interactions se font souvent à travers des écrans, les bonnes manières dans l'ère numérique revêtent une importance cruciale. Elles sont le moyen de cultiver des relations en ligne empreintes de respect et de bienveillance, de contribuer à un environnement virtuel plus harmonieux et respectueux.

Ainsi, les bonnes manières dans l'ère numérique sont un écho des valeurs intemporelles transposées dans un nouvel espace. Elles sont un rappel constant que même dans le monde digital, la courtoisie, le respect et la civilité demeurent des atouts essentiels pour préserver une société connectée et éthique.

CHAPITRE XIX

LES BONNES MANIÈRES EN PÉRIODE DE CRISE

En temps de crise, les bonnes manières se révèlent comme des phares d'humanité, des repères essentiels pour maintenir la cohésion sociale et l'empathie. Elles sont ces valeurs qui guident nos actions, notre solidarité et notre soutien envers autrui.

Les bonnes manières en période de crise se manifestent dans la compassion, dans la générosité et dans la solidarité envers ceux qui sont touchés par les épreuves. Elles sont cette capacité à tendre la main, à offrir son soutien et son aide avec empathie et bienveillance.

Elles se découvrent également dans la patience, dans la compréhension des situations difficiles et dans la modération de nos réactions. Les bonnes manières en temps de crise sont une manière de maintenir un climat de calme et de respect malgré les circonstances.

Les bonnes manières en période de crise sont également une volonté de rester unis, de partager les ressources, de préserver le lien social et de faire preuve de civisme pour le bien-être collectif.

Pourtant, au-delà des comportements individuels, les bonnes manières en période de crise sont une responsabilité collective. Elles sont le fruit d'une mobilisation commune, d'un élan de solidarité et d'une sensibilisation à l'importance du respect et de la bienveillance dans des moments délicats.

En ces mots, nous effleurons à peine la surface d'une philosophie d'entraide et de soutien en temps difficiles. Les bonnes manières en période de crise sont une lumière dans l'obscurité, une manière de maintenir l'humanité et la dignité même au cœur des épreuves.

CHAPITRE XX

L'ÉVOLUTION DES BONNES MANIÈRES DANS LE MONDE MODERNE

Dans un monde en constante évolution, les bonnes manières se réinventent, s'adaptant aux nouveaux contextes, aux technologies émergentes et aux évolutions sociales. Elles sont le reflet d'une société en mouvement, d'une quête perpétuelle d'harmonie et de respect.

L'évolution des bonnes manières dans le monde moderne se découvre dans l'intégration de valeurs telles que l'inclusion, la diversité et la durabilité. Elles sont un témoignage de la prise de conscience des enjeux sociaux et environnementaux dans nos interactions quotidiennes.

Elles s'expriment également dans l'adaptation aux nouvelles technologies, dans l'éthique numérique, et dans la manière dont nous utilisons les outils digitaux pour maintenir le respect et la considération envers autrui.

L'évolution des bonnes manières dans le monde moderne est également marquée par une plus grande ouverture d'esprit, une reconnaissance des différences et une volonté de vivre ensemble malgré nos diversités.

Pourtant, au-delà des évolutions, les bonnes manières demeurent ancrées dans des valeurs intemporelles telles que le respect, la gentillesse, la courtoisie et la bienveillance. Elles évoluent, se transforment, mais demeurent un socle de relations humaines harmonieuses.

En ces mots, nous effleurons à peine la surface d'une continuelle adaptation des bonnes manières à un monde en perpétuelle mutation. Leur évolution dans le monde moderne témoigne d'une volonté constante de préserver le respect et la considération malgré les défis et les changements sociétaux.

Conclusion

Les Bonnes Manières, Art de Vivre à la Française

Au terme de ce voyage à travers les méandres des bonnes manières à la française, une évidence se dégage : elles ne se limitent pas à un code rigide, mais s'élèvent comme un art de vivre, un héritage précieux transmis de génération en génération. Les bonnes manières, loin d'être figées dans le temps, se réinventent, s'adaptent et s'imbriquent dans le quotidien de chacun pour façonner un tissu social où respect, courtoisie et élégance se mêlent harmonieusement.

Elles sont ces petites attentions qui illuminent le chemin de la vie, des gestes empreints de délicatesse qui transcendent les barrières culturelles et temporelles. Les bonnes manières à la française sont une ode à l'humanité, une manière subtile de tisser des liens, de bâtir des ponts entre les individus, les générations et les cultures.

Au cœur de cette élégance codifiée, les bonnes manières sont une quête perpétuelle d'harmonie, une exploration sans fin de la beauté des interactions humaines. Elles s'incarnent dans chaque geste de respect, dans chaque regard bienveillant, dans chaque échange empreint de courtoisie. Elles sont ces nuances subtiles qui transforment un simple moment en une expérience riche de sens et de chaleur humaine.

Pourtant, l'essence des bonnes manières va bien au-delà des apparences et des conventions. Elles sont le reflet d'une éducation, d'une conscience aiguisée de l'impact de nos actions sur autrui, de l'importance de cultiver des relations empreintes de respect mutuel.

Les bonnes manières à la française sont également une symphonie de valeurs intemporelles. Elles célèbrent la gentillesse, la générosité, l'écoute active et la tolérance. Elles sont une ode à la patience, à la modestie et à la gratitude, invitant chacun à savourer les instants de vie, à reconnaître la beauté dans la simplicité et à exprimer sa reconnaissance envers ceux qui enrichissent notre existence.

Dans un monde en constante mutation, les bonnes manières évoluent, se métamorphosent, s'adaptent aux nouveaux défis, aux avancées technologiques, mais demeurent ancrées dans des valeurs universelles. Elles sont un rempart contre l'individualisme, un rappel constant de l'importance de l'autre dans nos vies, une boussole morale guidant nos pas dans la complexité du monde moderne.

Les bonnes manières à la française ne se limitent pas à un simple ensemble de règles, mais sont le témoignage d'un art de vivre où chaque geste, chaque mot est empreint de respect, où chaque interaction est une occasion de cultiver des relations humaines empreintes de délicatesse et de considération.

En conclusion, les bonnes manières à la française sont bien plus qu'un héritage culturel : elles sont une invitation à vivre dans l'élégance du cœur, à incarner la bienveillance et le respect au quotidien. Elles sont un voyage intemporel à travers les valeurs essentielles qui transcendent les frontières et les époques, un héritage à préserver, à transmettre et à célébrer pour façonner un monde où l'humanité se révèle dans chaque geste de courtoisie, où la grâce s'exprime dans chaque expression de respect. Les bonnes manières à la française demeurent ainsi une source intarissable d'inspiration pour façonner un monde où la noblesse des interactions humaines est une œuvre collective, où l'élégance des gestes transcende les différences pour un monde empreint de délicatesse et de bienveillance.

Intégration d'Études de Cas Contemporains :

L'enrichissement de cet ouvrage par l'inclusion d'études de cas contemporains offre une opportunité exceptionnelle d'ancrer les principes des bonnes manières dans la réalité actuelle. Ces histoires, tirées de la vie moderne, illustrent de manière vivante et concrète la pertinence et l'application des codes sociaux dans notre quotidien.

Exemple 1 - Étiquette dans le monde des affaires : Une étude de cas pourrait porter sur l'importance des bonnes manières dans le contexte professionnel contemporain. On pourrait y aborder des scénarios où le respect des protocoles, la courtoisie dans la communication et la gestion des interactions professionnelles influent sur les opportunités professionnelles, la réussite des équipes et l'image de marque d'une entreprise.

Exemple 2 - Bonnes manières dans les interactions digitales : Dans un monde où les interactions en ligne sont omniprésentes, une étude de cas moderne pourrait explorer la manière dont les bonnes manières se transposent dans l'univers numérique. On y mettrait en lumière les conséquences positives d'une communication respectueuse sur les réseaux sociaux, l'impact des commentaires bienveillants et la gestion éthique des discussions en ligne.

Exemple 3 - Étiquette dans la diversité culturelle : La

diversité culturelle est une réalité contemporaine incontournable. Une étude de cas pourrait se focaliser sur la manière dont les bonnes manières s'adaptent et favorisent la compréhension et la cohésion dans des milieux multiculturels. Elle mettrait en avant les différences culturelles et comment les bonnes manières agissent comme un pont favorisant la compréhension et le respect mutuel.

Ces études de cas offrent aux lecteurs une perspective actuelle, leur permettant de saisir la pertinence des bonnes manières dans des contextes réels. Elles mettent en lumière la manière dont l'application des principes de courtoisie, de respect et de considération peut impacter positivement divers aspects de nos vies, que ce soit dans le monde professionnel, virtuel ou multiculturel.

Entretiens ou Témoignages : Apportant une

Profondeur Supplémentaire à l'Ouvrage:

L'inclusion d'entretiens avec des experts en étiquette est une opportunité inestimable d'offrir une perspective éclairée et érudite sur les bonnes manières. Ces professionnels aguerris, imprégnés des subtilités des codes sociaux, pourraient partager leur savoir-faire, leur expérience et leur vision de l'évolution des bonnes manières dans notre société contemporaine. Leurs commentaires pourraient enrichir l'ouvrage en offrant des conseils pratiques, des observations précieuses sur les tendances actuelles et des réflexions approfondies sur l'importance des codes sociaux dans nos vies.

De plus, l'ajout de témoignages de personnalités connues pour leur élégance et leur respect des bonnes manières pourrait éclairer les lecteurs sur la manière dont ces valeurs sont incarnées dans des cercles influents. Ces personnalités pourraient partager leurs expériences personnelles, mettre en lumière les situations où les bonnes manières ont joué un rôle crucial dans leur succès professionnel ou personnel, et expliquer comment elles intègrent ces principes dans leur quotidien. Leurs récits offriraient des exemples concrets et inspirants pour illustrer l'impact des bonnes manières à différents niveaux de la société.

Par ailleurs, l'ajout de témoignages de personnes

ordinaires ayant vécu des expériences marquantes liées aux bonnes manières pourrait apporter une dimension authentique et accessible à l'ouvrage. Ces récits pourraient illustrer comment l'application des codes sociaux a eu un impact significatif dans des situations réelles de la vie quotidienne. Ces expériences pourraient couvrir un large éventail de contextes, qu'il s'agisse de rencontres fortuites, de moments professionnels clés ou de gestes de courtoisie ayant marqué leur mémoire. Ces témoignages, empreints d'émotions et de vécu, permettraient aux lecteurs de se connecter davantage aux principes des bonnes manières à travers des expériences humaines authentiques.

En intégrant ces entretiens et témoignages diversifiés, l'ouvrage gagnerait en richesse et en profondeur, offrant ainsi aux lecteurs une palette variée de perspectives sur l'importance des bonnes manières, des conseils d'experts, des exemples inspirants et des récits authentiques.

Exploration de la Communication Non Verbale dans le Contexte des Bonnes Manières:

L'intégration d'un chapitre spécifique sur la communication non verbale constitue une opportunité captivante pour approfondir la compréhension des bonnes manières. Ce chapitre pourrait explorer en détail les subtilités de la communication non verbale et son rôle crucial dans l'expression des codes sociaux.

Importance des gestes et des postures : En mettant l'accent sur les gestes et les postures, ce chapitre pourrait décortiquer l'impact des mouvements corporels dans la communication. Il pourrait décrire comment une posture ouverte et détendue peut transmettre un message de réceptivité et de respect, tandis qu'une gestuelle agitée ou une posture fermée peut involontairement envoyer des signaux de désintérêt ou de méfiance. Des conseils pratiques pour ajuster ses gestes et sa posture afin de refléter les valeurs des bonnes manières pourraient être inclus.

Exploration des expressions faciales : L'étude des expressions faciales et de leur rôle dans la communication des émotions et des intentions serait également essentielle. Souligner comment un sourire chaleureux peut créer un climat de confiance, comment maintenir un contact visuel peut manifester l'attention et le respect, et comment les expressions du visage peuvent renforcer ou contredire les propos tenus.

Langage corporel et congruence : Ce chapitre pourrait également aborder le concept de congruence entre le langage corporel et verbal. Il serait intéressant d'expliquer comment l'alignement entre ce que l'on dit verbalement et les signaux non verbaux envoyés renforce la crédibilité et la sincérité des interactions. Il pourrait inclure des exemples illustrant comment un langage corporel inapproprié peut nuire à la perception des bonnes manières, même en présence de paroles polies.

L'adaptation aux contextes culturels : Une discussion sur la manière dont la communication non verbale varie selon les cultures serait également pertinente. Cela pourrait inclure des exemples de différences culturelles dans la gestuelle, les expressions faciales ou le contact visuel, soulignant l'importance de la sensibilité interculturelle dans l'application des bonnes manières.

En intégrant ces aspects de la communication non verbale, ce chapitre apporterait une perspective approfondie et pratique sur l'importance des gestes, des expressions faciales et du langage corporel dans le cadre des bonnes manières. Il offrirait aux lecteurs des conseils concrets pour améliorer leur communication non verbale et renforcer ainsi leur expression des codes sociaux dans divers contextes sociaux et culturels.

Exploration des Bonnes Manières dans la Culture Contemporaine:

L'intégration d'un focus sur la culture contemporaine offre une perspective essentielle pour comprendre l'évolution des bonnes manières dans un monde en constante mutation. Ce segment permettrait d'examiner de près comment les codes sociaux traditionnels s'adaptent et évoluent à l'ère moderne, notamment dans le contexte du numérique.

Interactions en ligne et réseaux sociaux : Un volet important serait l'exploration des bonnes manières dans le cadre des interactions en ligne et des réseaux sociaux. Il s'agirait de souligner l'importance de la courtoisie digitale, de la politesse dans les échanges virtuels et de la manière dont la communication en ligne peut refléter les valeurs des bonnes manières. Des exemples concrets pour illustrer comment les comportements en ligne peuvent influencer les relations sociales et comment maintenir la courtoisie et le respect dans un environnement numérique seraient pertinents.

Nouvelles formes de communication : L'exploration des nouvelles formes de communication, telles que les emojis, les memes ou d'autres éléments culturels propres à l'ère numérique, serait également cruciale. Il serait intéressant d'analyser comment ces nouvelles formes de langage influencent les interactions sociales et comment elles sont intégrées aux normes des bonnes manières. Cela inclurait également des réflexions sur la façon d'utiliser ces éléments de manière appropriée et respectueuse dans les communications en ligne.

Évolution des normes sociales : En outre, il serait pertinent d'aborder l'évolution des normes sociales dans la culture contemporaine. Cela pourrait inclure des discussions sur les changements observés dans les comportements sociaux acceptables, les attentes en matière de politesse ou les adaptations des codes sociaux en réponse à l'évolution de la société moderne. Un accent particulier pourrait être mis sur la façon dont les valeurs traditionnelles des bonnes manières se combinent avec les nouvelles normes émergentes.

Conséquences sociales et individuelles : Enfin, il serait utile d'explorer les conséquences sociales et individuelles de l'adoption ou du non-respect des bonnes manières dans la culture contemporaine. Cela pourrait inclure des discussions sur l'impact des comportements sociaux en ligne sur les relations interpersonnelles, sur la manière dont les normes des bonnes manières sont perçues et pratiquées dans différents milieux sociaux, professionnels ou culturels.

En intégrant ces éléments, ce focus sur la culture contemporaine offrirait une analyse approfondie de la manière dont les bonnes manières évoluent dans le monde moderne. Il permettrait aux lecteurs de saisir les défis et les opportunités liés à l'application des codes sociaux à l'ère numérique, tout en offrant des pistes pour naviguer avec élégance et respect dans cette nouvelle sphère sociale.

Intégration d'Exercices Pratiques
et de Guides d'Application:

L'ajout d'exercices pratiques et de guides d'application offre une valeur ajoutée significative à l'ouvrage en permettant aux lecteurs de mettre en pratique les principes des bonnes manières dans leur vie quotidienne. Ces outils pratiques offrent un cadre concret pour intégrer et appliquer les codes sociaux enseignés dans le livre.

Exercices pour renforcer la courtoisie : Des exercices pratiques pour renforcer la courtoisie pourraient inclure des scénarios de la vie courante où les lecteurs pourraient mettre en pratique la politesse, tels que la tenue d'une porte pour quelqu'un, l'expression de remerciements ou de compliments sincères, ou même la gestion d'une situation délicate avec diplomatie.

Listes de contrôle pour les interactions sociales : Des listes de contrôle pourraient être fournies pour les interactions sociales spécifiques, telles que les événements professionnels, les rencontres informelles ou les conversations en ligne. Ces listes pourraient récapituler les principaux points à prendre en compte pour adopter des comportements respectueux et courtois dans chaque contexte.

Guides d'application pour différentes situations : Des guides d'application détaillés pourraient être élaborés pour diverses situations, comme les rencontres professionnelles, les repas en famille, les interactions en ligne, etc. Ces guides fourniraient des conseils spécifiques et des étapes à suivre pour naviguer avec aisance et respect dans chacun de ces scénarios.

Exercices de réflexion personnelle : En outre, des exercices de réflexion personnelle pourraient être inclus pour aider les lecteurs à mieux comprendre leurs propres comportements et à identifier des domaines où ils pourraient améliorer leurs pratiques des bonnes manières. Ces exercices pourraient inclure des questions d'auto-évaluation ou des exemples de situations où une réflexion personnelle pourrait être bénéfique.

En fournissant ces outils pratiques, l'ouvrage deviendrait un guide interactif permettant aux lecteurs de passer de la théorie à la pratique. Ces exercices, listes de contrôle et guides d'application offriraient des moyens tangibles d'intégrer les principes des bonnes manières dans la vie quotidienne, facilitant ainsi une application concrète et progressive des enseignements du livre.

Remerciements:

Chers lecteurs,

C'est avec une profonde gratitude que je vous adresse ces mots. Ce livre sur les bonnes manières, fruit d'une exploration minutieuse et empreinte de valeurs, émerge comme un hommage à l'essence même de notre art de vivre.

Je tiens à exprimer ma reconnaissance à ceux qui ont consacré leur temps et leur passion à l'élaboration de cet ouvrage. Leur engagement indéfectible envers les valeurs de l'élégance, de la courtoisie et du respect transparaît dans chaque page, offrant ainsi un guide précieux pour tous ceux qui aspirent à incarner ces nobles principes.

Je remercie chaleureusement mes collaborateurs, pour leur dévouement sans faille à partager cette vision commune des bonnes manières et à en faire un héritage vivant pour les générations à venir.

À vous, lecteurs, je vous adresse mes plus sincères remerciements pour votre intérêt envers cet ouvrage. Puissent ces pages vous inspirer à cultiver et à honorer les traditions des bonnes manières, car elles sont les fondations d'une société harmonieuse et bienveillante.

Que cet ouvrage sur les bonnes manières vous guide avec élégance et respect dans votre quête de raffinement personnel et de relation humaine épanouie.

Avec gratitude et respect,

Rémy Glape